はじめての釉薬

やき物がますます楽しくなる

便利な釉薬別 焼き色見本付き

やきもの釉薬研究会 編

廣済堂出版

目次

第一章 釉薬を楽しむために

釉薬の装飾法　釉薬の発色のメカニズム　釉薬の種類と分類　市販されている粉末釉薬の溶き方　釉薬の撥水と接着　釉薬と焼き色　8

第二章 釉掛けを とことん楽しむ　12

釉掛けの4つの基本　浸し掛け　流し掛け　塗り掛け　吹き掛け　32

釉薬の掛け方いろいろ　34

白志野釉　リム皿　34

一号失透透明釉　湯呑み　＊トルコ青釉　36

黒そば釉　コーヒーカップ　＊一号白萩釉　38

紅志野釉　茶碗　＊ワラ灰白萩釉　40

黒天目釉　皿　＊ワラ灰白萩釉　42

うのふ釉　＊一号白萩釉　大皿　44

一号貫入青磁釉　大皿　46

青いらぼ釉＊一号透明釉　鉢　48

ひわ釉　＊一号白萩釉　菓子鉢　50

マンガン窯変結晶釉　角鉢　52

白マット釉　花器　＊辰砂釉　54

あめ釉　菓子皿　56

青萩釉＊一号透明釉　手鉢　58

金ラスター釉　菓子鉢　60

二号織部釉＊黄瀬戸釉＊一号透明釉　食籠　62

しぶ柿釉　＊二号白萩釉　64

紫釉　菓子鉢　66

淡青磁釉　大皿　68

釉掛けの技法裏技

茶そば釉　小鉢　＊ワラ灰白萩釉 70
トルコ青釉　長皿　花器 72
鉄赤釉＊一号透明釉　どびん 74
二号黄瀬戸釉　小鉢 76
油滴天目釉　茶碗 ＊ワラ灰白萩釉 78
ワラ灰白萩釉　片口小鉢　どんぶり 80
金茶釉　徳利 82
月白釉＊ルリ釉　盛り鉢 84
辰砂釉　花器　平皿 86
三号白萩釉　鉄絵皿 88
還元なまこ釉＊一号透明釉 90
一号白萩釉＊しぶ柿釉＊ルリ釉　花器 92
唐津透明釉　扁壺　煮物鉢　透かし彫り角鉢 94
還元なまこ釉＊一号白萩釉　盛り鉢 96
朱金結晶釉　菓子鉢 98
青銅結晶釉　浅鉢 100
ルリ釉＊一号透明釉　鶴首花器 102
一号透明釉＊チタン失透釉　抹茶茶碗 104
均窯釉　花器 106
均窯釉　花器 108

第三章　絵付けを楽しむ

絵付けの用具 110

下絵付け　ゴス絵　鉄絵　色絵　パステル画 132

下絵付け　和絵の具　洋絵の具　金彩　銀彩 140

上絵付け　花皿　野菜皿　桜　フルーツ　金魚 148

下絵の転写　花皿　野菜皿　桜　フルーツ　金魚 152

上絵の転写　花果実文皿 158

企画・編集　一橋　弘
撮影　木村　純
ブックデザイン　はんぺんデザイン
DTP　（株）ジャパンアート

器の名称

焼きものには、その部位によって、いろいろ名称が付けられています。底の部分では、粘土を付け足したり、削り出したりして、少し高くした高台と、切り糸で切り離したべた底の糸底があります。そして口縁では、捻返しがあるものとないものがあります。

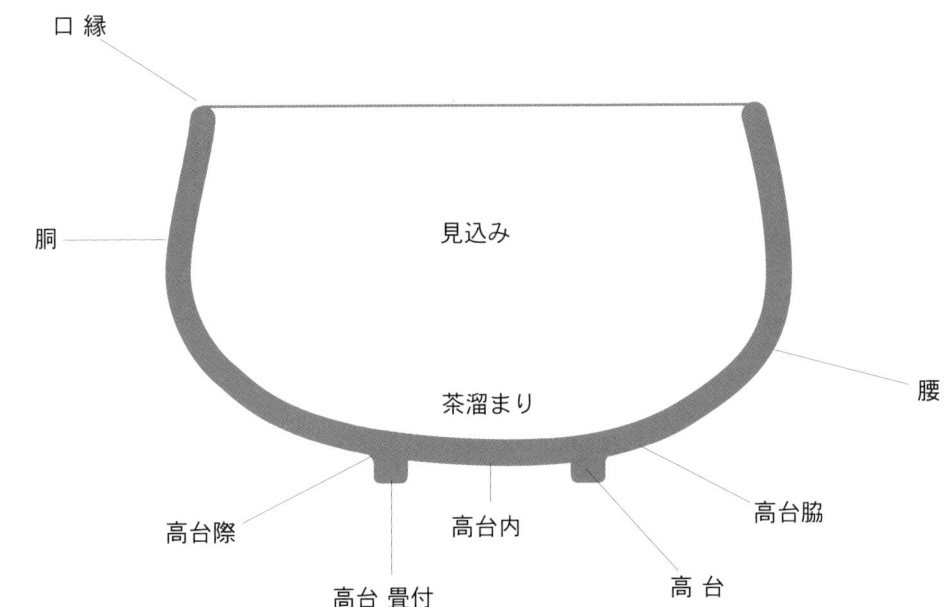

第一章 釉薬を楽しむために

釉薬の装飾法

釉薬を用いた一般的な装飾法には、下絵付けと上絵付けの二つの方法があります。

下絵付け

下絵付けは、乾燥させたり素焼きした素地に直接絵付けする方法ですが、もちろんそのままの状態では絵付けになりません。描いたままでは、うっかり触ると、色が落ちたりぼやけたりします。不注意で、汚したりすると、洗って消すのは、難しくなります。ですから下絵付けは、絵付けがすんだら必ず高火度の透明釉を掛けて、本焼きをします。そうするとすっきりした下絵の絵柄が浮かび上がってきます。代表的なものに、ゴス絵と鉄絵などがあります。

下絵付け

上絵付け

上絵付けでは素地そのものが、すでに透明釉を掛けて、高温で本焼きしてあります。ですからその上に描く上絵付けは、気になるところは拭き取って、何回でも描き直すことができます。色絵が主になる上絵付けですが、初心者でも安心して絵付けが楽しめます。ただし上絵付けは、素地を本焼きした温度より低い温度で焼き付けないと、思い通りの美しい色にはなりません。

上絵付け

釉薬の発色のメカニズム

焼き物の窯の中の空気の通りを良くして完全燃焼させる炎を酸火炎といい、通りを悪くして不完全燃焼させる炎を還元炎といいますが、そのとき焼き物は、酸素と結びついて酸化物となったり、その酸素を放出して還元する化学変化を起こしたり、酸化還元の炎のドラマが展開されます。その「酸化」「還元」の炎によって釉薬の発色が変化します。焼き物の焼成は、焙り―攻め―ネラシというコースを辿ります。焙りは、おおよそ焚きだしから900℃くらいまでをいい、ここまでは酸化炎で焼成します。もちろん素地や釉薬の中に含まれる有機物なども、酸化炎で燃えて化学変化を起こします。900℃以上の攻めの段階に入ると焼成の方法が変わり、酸化焼成と還元焼成に分けられます。酸化焼成は酸素を十分に送り込んで、酸化炎で焙りの焼成を続行しますが、還元焼成は窯の中を酸素不足にして不完全燃焼の還元炎にし、焼き物の中に含まれる酸素を放出させます。最終段階のネラシに入ると、素地は焼き締まり、釉薬もガラス状に溶けてきます。焼き物はほぼ焼き上がった状態ですので、窯の中の温度をそのまま上げないで均一化し、30分から1時間ほど継続のネラシの効果で、焼き物の発色は一段と美しく冴えてきます。その発色は、酸化焼成と還元焼成で変化しますが、中にはほとんど変わらないものもあります。発色の変化は、酸化焼成では素地に含まれる銅が青み系の発色をし、鉄は赤み系の色になります。還元焼成では逆に、銅が赤み系の色となり、鉄は青み系の発色となります。

淡青磁釉 酸化

淡青磁釉 還元

赤萩釉 酸化

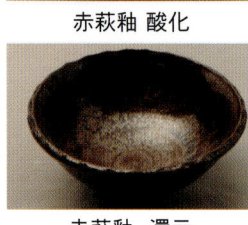

赤萩釉 還元

釉薬の種類と分類

釉薬には、たくさんの種類があります。そしてその分類法も、高火度や低火度で、釉薬がとける焼成時の温度を基準にしたものや、灰釉や長石釉などその成分によるものなどいろいろです。私たちが分かりやすいものとしては、透明釉や不透明釉、色釉、マット釉、結晶釉、それに貫入釉（ひびが文様状に入る）など、外見での分類法があります。中でも色釉には、黄瀬戸釉やトルコ青釉など、なじみの釉薬がたくさんあります。この色釉は、無色の透明釉に着色剤を添加したものです。

不透明釉薬

結晶釉薬

透明釉薬

色釉薬

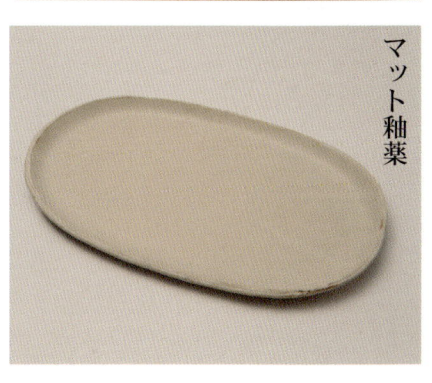
マット釉薬

貫入釉薬

市販されている粉末釉薬の溶き方

市販の釉薬には、伝統的なものや、近年になって新しく開発されたものなど、いろいろな種類があります。そしてその個々の釉薬には名称がつけられ、それぞれ安定的に発色する固有の色合いがあります。もちろん、どんな釉薬でも、焼成のしかたや土の種類、釉の掛けかた、その他いろいろな状況の変化などで、発色が異なることはよくあります。

この市販の釉薬には、すぐ使えるように調合されている液状のものと、水で溶いて使う粉末状のものがあります。

粉末状のものは、水で溶き、沈殿防止剤やCMC（ふのり）を加えて撹拌するなど、多少、手はかかりますが、長期間、保存ができるという利点もあります。

粉末状の釉薬を水で溶く手順は、次の通りです。

1　表示で指示されている適量の水を用意し、釉薬を溶く容器に入れる。

2　ぱらぱらと撒き散らす感じで、粉末状の釉薬を入れる。

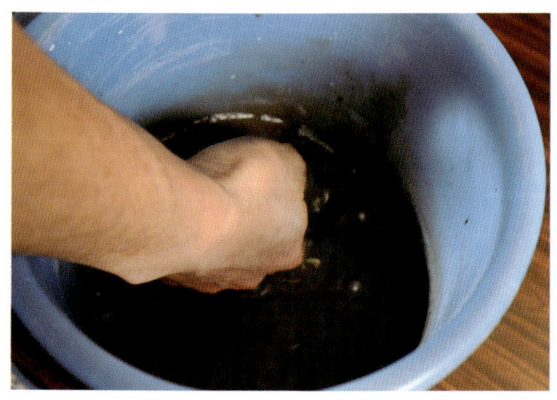

3　粉末の釉薬と水を、ダマにならないよう、よく掻き混ぜる。

4　しかし手だけでよく掻き混ぜても、釉薬はまだまだ完全に溶けきっていません。

①水の入った容器
②バケツ
③粉末釉薬
④ゴムごて
⑤ふるい
⑥液体釉薬

8

9 最後の一滴までという感じで、ゴムべらを使って、残さず万遍なくさらう。

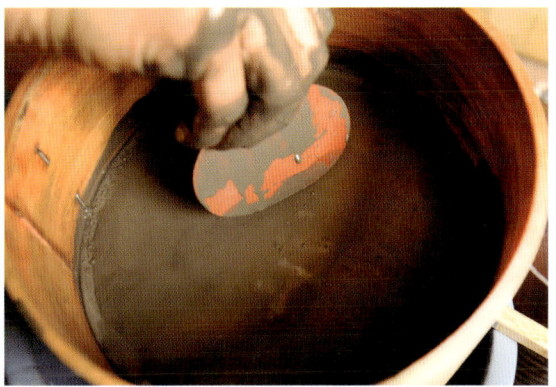

10 ゴムべらで、フルイの中がきれいになるまで、しごく。

11 残っている釉薬は、フルイを傾けてゴムべらでしごき、無駄なく、下の容器に釉薬を集める。

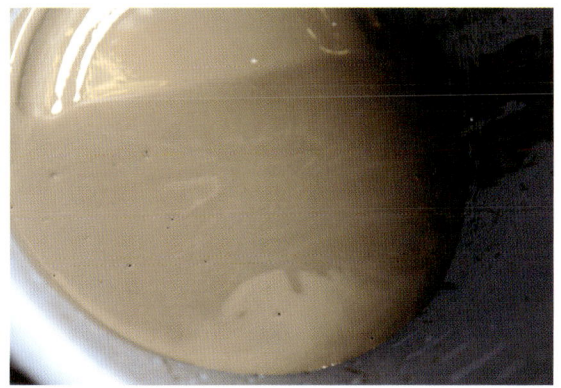

12 粉末の粒子が分散し、調整された釉薬に、沈殿防止剤を入れて撹拌する。使用前にCMCを混ぜる。

5 そこで次の段階では、60目くらいのフルイとゴムべらを使って漉すことにします。

6 フルイの中に手で溶いて液状になっている釉薬を入れる。

7 フルイの中に泥状になって残った釉薬を、ゴムべらでしごいて下の容器に落とす。

8 容器に溜まった釉薬を、もう一度、フルイの中に戻して漉す。

釉薬の撥水と接着

釉薬を素地に掛けるとき、ときには調整が必要なこともあります。よく使われるものに撥水剤などがありますが、これには同じ効果で用いられるものが他にもあります。自分にとって使い勝手のよいものや効果的なものを、いろいろ試してみるのも技法向上の手がかりとなります。

素焼用接着剤

この接着剤は、これから釉掛けをする素焼きの器が、割れたりヒビが入ったりしたときの補修に用います。ただし完全に割れてしまったものは、効果が期待できません。

この製品には粉末とペースト状のものがあり、粉末状のものは水で練ってペースト状にし、それを補修箇所につけて、接着します。そして接着した部分を、しっかり押さえておくことが大切です。

そのとき接合部からはみ出した接着剤は、布などできれいに拭き取っておきましょう。その後で釉薬を掛けることになります。

しかし接着剤の補修は仮止めの域を出ない応急的な処置で、最終的には釉薬によって付着させることにはなりますが、その強度は残念ながら限定的です。

ですから、ちょっとした装飾的な部分の接着程度にとどめ、簡単だからと言って、コーヒーカップの取っ手などには使わないようにしましょう。何かのはずみで取っ手がとれて、酷いことにならないともかぎりません。

シリコン防水剤

シリコンは、花器などのように器の中に入れた水が、漏れては困るときに使います。しかし少々揮発性の臭いがするので、食器類には使えません。その点、注意が必要です。

大きな陶器などを作ると、粘土やその中に含まれる石とか、成形上のいろいろな要因が絡み合って、水が漏れてくることがあります。もちろん釉薬でも多少の水漏れはカバーできますが、どこまでという限度は分かりません。そこで安全のために、シリコンなどが使われます。

焼成した花器に、シリコンを入れ、内掛けの要領でぐるっと回してから外に流し出し、一晩放置します。その後、水を入れてみて、漏れなければOKです。

液体セラミック

液体セラミックは、食器用の防水剤です。汚れが染み込みやすい器などに使いますが、水漏れを防止するだけでなく、汚れにくくなり、カビが生えたりしないからいい、という人もいます。

セラミックを塗った器（左）と塗らないで水がにじみ出た器（右）

片方の器にセラミックを塗って、水を入れてみる。

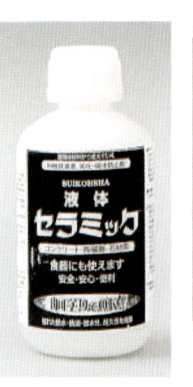

水溶性撥水剤

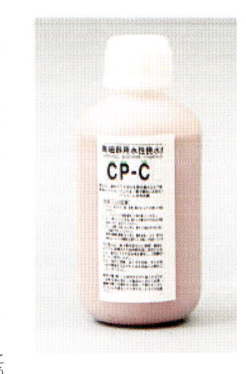

撥水剤

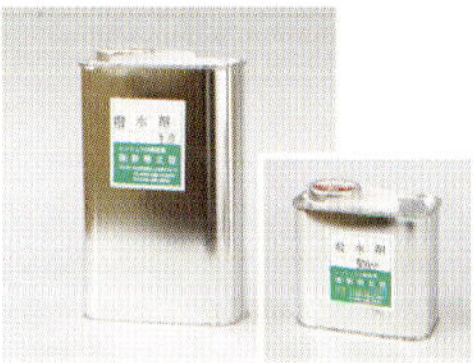

撥水剤は高台など釉薬を付けたくないところに塗って、付着を防止します。水溶性の撥水剤は臭いがまろやかな感じでいいのですが、缶入りのものはトルエンで刺激臭があり、締め切った部屋での作業は、気分が悪くなる人もいます。より強い撥水効果を期待したい場合は、油性のものを選ぶとよいでしょう。

撥水剤の中には、釉の上には使えないものもある。

ラテックス

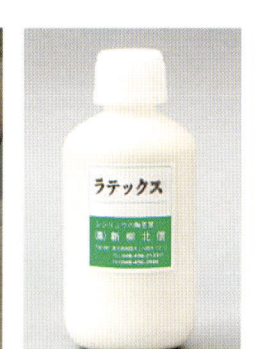

接着力が強い、陶画のりです。素地に塗って被膜を作り、釉掛けした後、その被膜を剥がすと、釉掛けにさらの素地が出てきます。そこに別の釉掛けで、すっきりと濁りのない釉掛けができます。ラテックスの使い方によって、二重掛け、三重掛けといったように複雑な釉掛けの領域が広がり、その装飾効果が楽しめます。

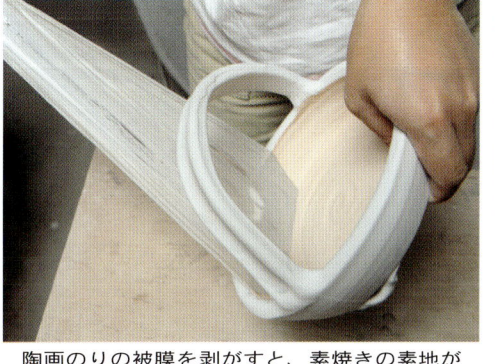

陶画のりの被膜を剥がすと、素焼きの素地が出る。

沈殿防止剤

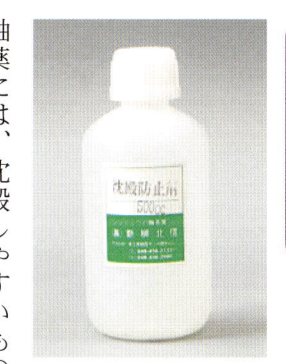

釉薬には、沈殿しやすいものが少なくありません。そんな釉薬にこの沈殿防止剤を入れて、沈殿具合を調整します。とくに天然灰の釉薬は、沈殿しやすい傾向がありますから、注意が必要です。粉末状の釉薬には、沈殿防止剤を入れるよう表示してあります。

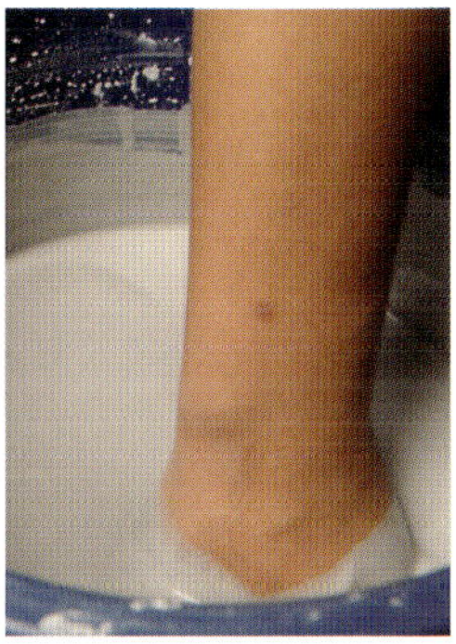

釉薬の中に沈殿防止剤を、表示されている適量で入れ、よく混ぜる。

パラフィン

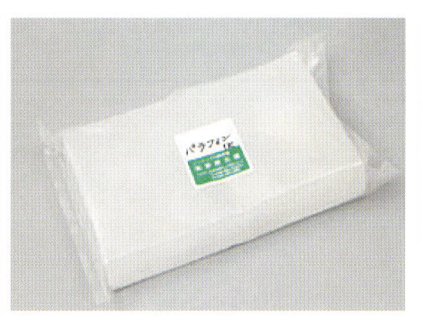

板状になっているパラフィン

パラフィンはろうそくの原料にもなっていますが、湯煎で溶かし、そのロウ抜きと同じに、筆または刷毛で書いた文字や文様が、掛けた釉から抜け出てきます。その文字の好例は、寿司屋でおなじみの湯飲み茶碗です。

パラフィンは湯煎して溶く

釉薬と焼き色

市販の釉薬には、天然灰を使った伝統的なものから、いろいろな酸化金属による鮮やかな発色の釉薬など、たくさんの種類があります。そしてそれが直ぐに使えるよう調整された、液体タイプ（粉末タイプもある）で販売されています。

サンプルの釉薬は、白土と赤土を酸化と還元で焼成したものです。白土の酸化焼成は電気窯で12時間（1230度で1時間保持）赤土の還元焼成は灯油窯で12時間（1250度で30分間保持）ここに掲載する釉薬は、釉薬本来の安定した発色です。釉薬は、いろいろな施釉の条件などで、発色が異なることがあります。しかしそれも意外性の新しい発見で、施釉の楽しみの一つでもあります。

なお本書で使用している釉薬は、すべてシンリュウ株式会社製（神奈川）です。

白　土		赤　土	
酸化焼成	還元焼成	酸化焼成	還元焼成

酸化や還元、白土や赤土ではあまり発色の差はないが、酸化ではマット調、還元では艶感のある白になる。　　しろまっと **白マット**

p.54 参照

透明感のあるシャーベットのような質感の白。還元でその白に艶が出る。　　しろしの **白志野釉**

p.34 参照

酸化で碁石のような黒が、還元では金属ようの光沢のある黒の発色。　　まっくろまっと **真黒マット釉**

白　土		赤　土	
酸化焼成	還元焼成	酸化焼成	還元焼成

口縁部にはわずかに茶色が、それ以外は艶のある真黒な発色をする。　　　まっくろてんもく **真黒天目釉**

紅志野は、還元で緋色と白の、バランスのよい発色となる。　　　べにしの **紅志野釉**

p.40 参照

透明感のある乳濁色の釉薬。酸化で水色、還元で赤紫色に発色。　　　むらさきしんしゃ **紫辰砂釉**

酸化で赤紫、還元では濁りのある淡緑系の色に発色。　　　むらさき **紫釉**

p.66 参照

白　土		赤　土	
酸化焼成	還元焼成	酸化焼成	還元焼成

酸化ではだまり部分がエメラルドグリーンに、還元では色が浅く貫入（かんにゅう）が細かくなる。

みどりいらぼ　**緑いらぼ釉**

青銅器を思わせる重厚な質感、還元では赤土でしっとりと紫系の色に発色する。

りょくせいどう　**緑青銅釉**

明るい赤茶色の釉薬で、貫入が少なめのさっぱりした発色が特徴。

ちゃあめ　**茶あめ釉**

あめ色をベースに、黄土色の結晶が出る。結晶は分厚い部分に出やすい。

ちゃそば　**茶そば釉**

p.70 参照

	白 土		赤 土	
	酸化焼成	還元焼成	酸化焼成	還元焼成

たまり部分に大きめの貫入が入る釉薬。酸化で透明感のある軽めの黄金色、還元では緑青に発色する。	かんげんびーどろ **還元ビードロ釉**

ワラ灰系の透明感があってあたたかみのある乳濁釉。たまりの部分には青みがかかる。	からつ **唐津釉**

口縁部の赤茶系のたまり部は黄土系に発色し、還元や赤土で、より複雑な表情になる。	あかはぎ **赤萩釉**

白土で、酸化では爽やかな水色に発色し、還元で口縁部以外は、鮮やかな赤に発色する。	しんしゃ **辰砂釉**

p.86 参照

白　土		赤　土	
酸化焼成	還元焼成	酸化焼成	還元焼成

鉄赤釉は、酸化で赤と青と黄色系の色が混合した赤黒い発色で、還元は朱赤色に発色する。

てつあか **鉄赤釉**

p.74 参照

青いらぼは、赤をわずかに含む濃い青色の釉で、たまりの部分がルリ色系となる。透明な条痕釉。

あおいらぼ **青いらぼ釉**

p.48 参照

青磁釉は、還元でクセのないさっぱりした青緑色で発色し、酸化では淡い茶褐色の発色となる。

せいじ **青磁釉**

青萩釉は酸化・還元の発色が、ほとんど変わらない。酸化は均質で乳濁の青となり、還元で艶を増す。

あおはぎ **青萩釉**

p.58 参照

白　土		赤　土	
酸化焼成	還元焼成	酸化焼成	還元焼成

しっとりとした上品な青磁。酸化では淡く明るいクリーム色に、還元では淡く美しい青磁の水色が際立つ。

たんせいじ **淡青磁釉**

p.68 参照

透明感のある条痕系の釉薬で、発色は酸化では緑みの黄土色、還元はグレーがかった薄緑色の透明系。

まつばい **松灰釉**

マット調で荘重感がただよう複雑な青緑系の釉薬。還元でより深い結晶美が楽しめる。

せいどうけっしょう **青銅結晶釉**

p.100 参照

紅と藍を合わせた二藍(ふたあい)と同じ深い紫系の色合いが美しい。還元では緑系の影が映って味わい深い。

せいどうまっと **青銅マット釉**

白　土		赤　土	
酸化焼成	還元焼成	酸化焼成	還元焼成

酸化は、すっきりとした透明感のある発色で、還元では薄く掛けた部分が赤紫色に発色する。　　こうたくとるこ　**光沢トルコ青釉**

黒そばは、酸化の発色で、星空のように黒地に黄色の斑点が、多く見られる。　　くろそば　**黒そば釉**

p.38 参照

黒マットはマット質の黒で、口縁部など釉薬が薄く付きやすい部分に、いくらか緑色系の発色が見られる。　　くろまっと　**黒マット釉**

酸化でやや茶系が強く赤土で口縁の茶が薄くなる。還元では口縁の茶と本体の黒の発色のバランスがよい。　　くろてんもく　**黒天目釉**

p.42 参照

	白　土		赤　土	
	酸化焼成	還元焼成	酸化焼成	還元焼成

酸化で明るい黄土色に発色。還元で黄土に近い草色となる。青みの青磁釉掛けで発色良。　　いちごう　てんりゅうじせいじ　**一号天竜寺青磁釉**

2号白萩は、乳白色の均質な釉薬で使いやすい。酸化であたたかみのある発色をし、赤土で青みを帯びる。　　にごうしらはぎ　**二号白萩釉**

p.65 参照

3号白萩はワラ灰系の釉薬。あたたかみのある乳白色で、すっきりした発色には独特の味がある。　　さんごうしらはぎ　**三号白萩釉**

p.88 参照

酸化ではマット調のオレンジが映え、還元で明るい焦げ茶色に。赤土では焦げ茶色の発色が強く渋くなる。　　ひいろ　**火色釉**

	白　土		赤　土	
	酸化焼成	還元焼成	酸化焼成	還元焼成

瀬戸黒釉は真っ黒な釉薬で、酸化も還元も発色はほとんど変わらず、たまり部分に結晶傾向がみられる。　　せとくろ **瀬戸黒釉**

油滴天目は、酸化で大小さまざまな油滴特有の文様が出る。還元では金属光沢のある茶系の発色がみられる。　　ゆてきてんもく **油滴天目釉**

p.78 参照

柿釉は、酸化で赤みを帯びた黒褐色の中に茶系の結晶がみられ、還元の発色ではしぶい色調の柿色となる。　　かき **柿　釉**

赤茶系のベース色に、撒き散らしたような金属ようの光沢が散るマット調の釉。還元で黒みが増す。　　しゅきんけっしょう **朱金結晶釉**

p.98参照

22

	白　土		赤　土	
	酸化焼成	還元焼成	酸化焼成	還元焼成

月白釉の酸化は、あたたかみのあるクリーム色で、しっとり感が際立つ。還元では淡青色に発色。

げっぱく **月白釉**

p.84 参照

志野釉は透明感があって、ぼってりと重厚感のある白い釉薬。貫入の入ることが多い。

しの **志野釉**

均窯釉は酸化では白っぽい水色の発色となるが、還元になると乳濁系でデリケートな発色の赤紫色になる。

きんよう **均窯釉**

p.106 p.108 参照

酸化で暖色系のクリーム色、還元で寒色系のクリーム色に発色。厚掛けすると、やや濁りの出る透明釉。

からつとうめい **唐津透明釉**

p.94 参照

	白　土		赤　土	
	酸化焼成	還元焼成	酸化焼成	還元焼成

酸化ではほんのりと味わいのあるクリーム色系に、還元では黄みが強まり鉄色の斑点が出てマット調に発色。　　うのふ　**うのふ釉**

p.44 参照

酸化も還元も、白土も赤土も、発色ほとんど同じだが酸化でマット調の乳白色、還元で深みのある白色に。　　にゅうはく　**乳白釉**

酸化で透明感のある青緑色、釉が溜まる部分は乳濁した青の発色となる。還元では透明感のある茶系に。　　いちごうどうせいじ　**一号銅青磁釉**

酸化でやや黒みを帯びた深みのある緑の織部色。還元では淡い臙脂色に近い茶系色に発色する。　　いちごうおりべ　**一号織部釉**

白土		赤土	
酸化焼成	還元焼成	酸化焼成	還元焼成

| 微妙に下絵ゴスの流れが見えるやわらかな白萩釉。釉の特徴の見どころとなるたまりになりやすい傾向も。 | いちごうしらはぎ **一号白萩釉** |

p.39 p.44 p.50 p.92 p.96 参照

| 1号失透透明釉は、艶感を残した濁りのある透明釉。酸化、還元で、わずかに寒色系暖色系の発色の差が。 | いちごうしっとうとうめい **一号失透透明釉** |

p.36 参照

| 1号土灰釉は、酸化での発色は透明な黄土色に。還元ではやや青みが出てごく薄い抹茶色になる。 | いちごうどばい **一号土灰釉** |

| 濃い紫紺色のルリ釉は、口縁部にわずかに薄付きの傾向がみられるやわらかい釉。 | るり **ルリ釉** |

p.84 p.92 p.102 参照

	白　土		赤　土	
	酸化焼成	還元焼成	酸化焼成	還元焼成

酸化で、黒い金属ようの発色がみられる艶消し釉だが、還元では金色系に発色が変化。　　まんがんようへん　けっしょう　**マンガン窯変結晶釉**

p.52 参照

酸化で、しっとり落ち着いたマット調の黄土色に発色。還元では緑みが増して渋い発色となる。　　まっとき　**マット黄釉**

艶感を残したマット調の青磁。色味はやや淡い色調でさっぱりとしている。　　まっとせいじ　**マット青磁釉**

マット調の白い釉薬。酸化では口縁部がやや薄くなるが、還元では口縁部もくっきり白さを増す。　　まぐねしや　まっと　**マグネシヤマット釉**

白　土		赤　土	
酸化焼成	還元焼成	酸化焼成	還元焼成

酸化でしっとりした銀黒色になり、還元では独特の縮れによる、いぶし銀の抑えた輝きがみられる。

いぶし　**いぶし釉**

あめ釉は、焦げ茶色の透明釉。酸化も還元もほとんど発色は変わらないが、還元でやや黒みが濃くなる。

あめ　**あめ釉**

p.56 参照

F黄瀬戸釉は、やや沈んだ色調の発色になるが、小さな石粒の出る味のある黄瀬戸。

えふきせと　**F黄瀬戸釉**

ワラ灰系のあたたかみがあって透明感のある釉薬。濃いめに掛けると乳濁色になる。

わらばいしらはぎ　**ワラ灰白萩釉**

p.41　p.43　p.71　p.79　p.80　参照

白　土		赤　土	
酸化焼成	還元焼成	酸化焼成	還元焼成

わずかに緑みを帯びたさわやかな青が、マット感でしっとり決まる。還元でやや赤みのある焦げ茶色に発色。　　とるこあお **トルコ青釉**

p.37　p.72 参照

文字通りトルコ青に紺色が重なった感じのさわやかな紺青色の釉。還元で赤みが差し、艶感、透明感が出る。　　とるここんあお **トルコ紺青釉**

艶感のある乳濁白色の釉薬で、酸化も還元もほとんど同じ発色だが、赤土の還元で表情が出る。　　ちたんしっとう **チタン失透釉**

p.104 参照

わずかに黄みが差す、味のあるマット感で、ソフトな白さが引き立つ。還元では赤みが差す。　　ちたんまっと **チタンマット釉**

28

	白　土		赤　土	
	酸化焼成	還元焼成	酸化焼成	還元焼成

> 薄掛けでさっぱりした織部の色みが冴える。濃く掛けると黒みが強くなる。　　　えふおりべ　**F織部釉**

> 酸化で淡い黄土色、還元で淡い水色になる、くせのない透明釉。濃いめに掛けると貫入が出やすい。　　　いちごうとうめい　**一号透明釉**

p.48　p.62　p.74　p.90　p.102　p.104 参照

> マット調の黄瀬戸らしい黄瀬戸。すっきりと明るい黄土色が冴える。還元の焦げ茶色も黄瀬戸の魅力の一つ。　　　にごうきせと　**二号黄瀬戸釉**

p.62　p.76 参照

> 酸化では、やや濃いめの黄土で貫入が入った発色となり、還元で緑みが加味され貫入が美しい発色に。　　　いちごうかんにゅうせいじ　**一号貫入青磁釉**

p.46 参照

白　土		赤　土	
酸化焼成	還元焼成	酸化焼成	還元焼成

酸化は紫系の薄めの色がやや黒ずむ感じの透明釉として、還元ではやや暗い乳濁の黄緑色となって発色。　　　ひわ **ひわ釉**

p.50 参照

口縁はやや薄めで、たまり部分の青緑が強くなる。還元では赤茶系の発色の中に緑色がわずかに残る。　　　にごうおりべ **二号織部釉**

p.62 参照

酸化はやや黄茶系の渋い色で、還元は赤みが差し、たまり部に焦げ茶色を残した渋めの柿色となる。　　　しぶかき **しぶ柿釉**

p.64 p.92 参照

緑青系のマット釉。酸化ではたまり部が深い青に発色し、還元では赤みが差した発色になる。　　　つやけし とるこあお **つや消しトルコ青釉**

第二章

釉掛けをとことん楽しむ

釉掛けの4つの基本

釉掛けには、釉の中に器をくぐらせる浸し掛け、ひしゃくで釉を掛ける流し掛け、刷毛などで釉を塗りひろげる塗り掛け、霧吹きやスプレーで釉を吹きつける吹き掛けなどがあります。それをもとに、いろいろな変化技が用いられています。

浸し掛け

器の両端を指先で持ち、釉薬の中に先端から、静かに浸していく。

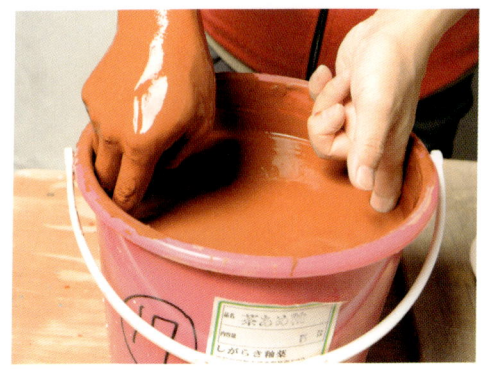

弧を描くようにして、一定のリズムで釉薬の中に器を沈め…

釉薬の中に先に入れた先端部から、弧を描く軌道にそって、静かに器を引き上げる。

釉薬から出した器は垂直に立てて、釉垂れを切る。指跡を少なくするために左右1本指で持つ。

流し掛け

ひしゃくで、釉薬を器に掛ける。器を回しながら、釉薬を掛けていく。

壺の内掛けは、壺の中に釉薬を3分の1くらい入れ、万遍なく壺を回して中の釉薬を出す。

内掛けが済んだら、外側に釉薬を掛ける。文様を意識して掛けることもある。

表が済んだら、裏面の高台内から外へと、釉薬を掛けていく。